Menschen | Zeiten | Räume

Arbeitsheft zum Kombi-Atlas

Inhaltsverzeichnis

Die geographische Lage eines Ortes auf der Karte bestimmen

Um jeden Punkt auf der Erde bestimmen zu können, gibt es das **Gradnetz**. Die breiteste Stelle der Erde ist der **Äquator**. Die Breite beträgt hier 0° (null Grad). Der Äquator teilt die Erde in eine nördliche und eine südliche Halbkugel. Die Kreise auf der Erdkugel, die parallel zum Äquator liegen, sind die **Breitenkreise** (oder Parallelkreise). Die Entfernung vom Äquator bis zum Pol wird in Grad angegeben und zwar von 0° am Äquator bis zu 90° N (am Nordpol) und bis zu 90° S (am Südpol).

Wir stellen uns nun einen Kreis vom Nordpol zum Südpol vor. Er teilt die Erde in eine westliche und eine östliche Hälfte. Die 0-Linie ist der nullte Längenkreis, der **Nullmeridian**. Die **Längenkreise** werden auch Meridiane genannt. Sie haben Werte bis 180° W auf der Westhalbkugel und bis 180° O auf der Osthalbkugel. Weil der Nullmeridian durch Greenwich (einen Stadtteil von London) läuft sagt man bei Längengradangaben auch westlich oder östlich von Greenwich.

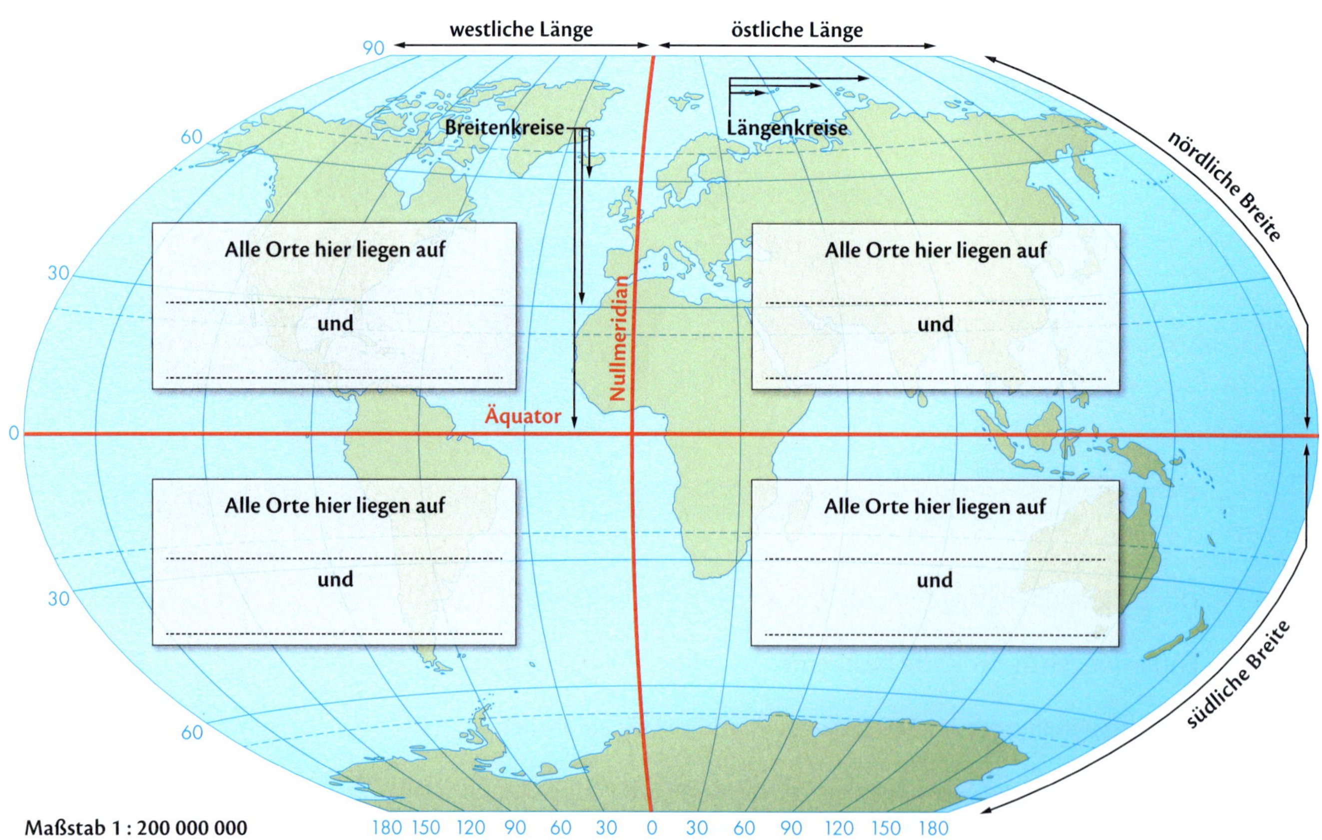

▲ Eine Weltkarte mit Gradnetz und Kontinenten

1 Tragt die folgenden Merkmale jeweils zwei Mal in die Karte ein:
südlicher Breite (° S), nördlicher Breite (° N), westlicher Länge (° W), östlicher Länge (° O)

So bestimmen wir die Lage eines Ortes im Gradnetz:

1. Schritt: die geographische Breite

Wir ...

- stellen fest, ob der Ort nördlich oder südlich des Äquators liegt (N oder S).
- ermitteln, zwischen welchen beiden Breitenkreisen sich der Ort befindet.
- bestimmen die geographische Lage in Grad.

2. Schritt: die geographische Länge

Wir ...

- prüfen, ob der Ort westlich oder östlich des Nullmeridians (W oder O) liegt.
- nennen die beiden Längenkreise, zwischen denen sich der Ort befindet.
- bestimmen die geographische Lage in Grad. Für die Lageangabe benutzen wir die niedrigere Gradzahl.

3. Schritt: die Lage im Gradnetz

Wir ...

- geben zuerst die Breitenlage und dann die geographische Länge des Ortes an.

Beispiel: Mainz

50° N, 8° 16´O sprich: fünfzig Grad Nord, acht Grad sechzehn Minuten Ost

▲ Die Untergangsstelle der Titanic: 42° N, 50° W

2 **Markiert die Untergangsstelle in der Karte.**

3 **Bestimmt die Lage des Schulortes auf einer Deutschlandkarte im Atlas.**

Lage unseres Schulortes: ______________________________

4 **Findet auf einer Weltkarte vier Orte, die den 50. Breitenkreis nördlicher Breite berühren.**

______________ ______________ ______________ ______________

Entfernungen in der Karte bestimmen

Was Maßstabszahlen bedeuten:

	1 cm auf der Karte entspricht
1 : 5 000	5000 cm = 50 m in der Wirklichkeit
1 : 25 000	25 000 cm = 250 m in der Wirklichkeit
1 : 100 000	100 000 cm = 1 km in der Wirklichkeit

Der Kartenmaßstab

1 : 5000 1 : 25 000	großer Maßstab
1 : 100 000	mittlerer Maßstab
1 : 500 000 1 : 10 000 000	kleiner Maßstab

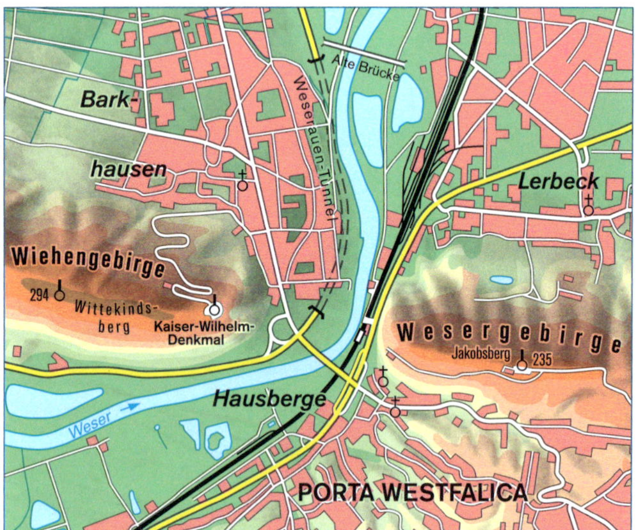

1 : 50 000 Maßstabszahl Maßstabsleiste

1 cm auf der Karte entspricht 50 000 cm = 500 m in Wirklichkeit

1 : 750 000 Maßstabszahl Maßstabsleiste

1 cm auf der Karte entspricht 750 000 cm = 7,5 km in Wirklichkeit

Die Maßstabszahl

Der Maßstab, genauer der Zahlenmaßstab, wird durch eine Zahl ausgedrückt. Diese Zahl steht hinter einer 1 und einem Doppelpunkt. Beispiel 1 : 50 000. Das liest man so: eins zu fünfzigtausend. Das heißt: Ein Zentimeter auf der Karte entspricht 50 000 Zentimeter in der Wirklichkeit.

Umrechnen von Zahlen hinter dem Doppelpunkt

Die wirkliche Entfernung geben wir natürlich nicht in Zentimetern an, sondern entweder in Metern oder in Kilometern. Bei der Umrechnung in Meter streicht ihr die letzten zwei Nullen, bei der Umrechung in Kilometer die letzten fünf Nullen.

Die Maßstabsleiste

An die Maßstabsleiste könnt ihr ein Lineal anlegen. Denn die Maßstabsleiste ist nichts anderes als eine Skala. So lässt sich ablesen, welche Entfernung einem Zentimeter auf der Karte in der Wirklichkeit entspricht.

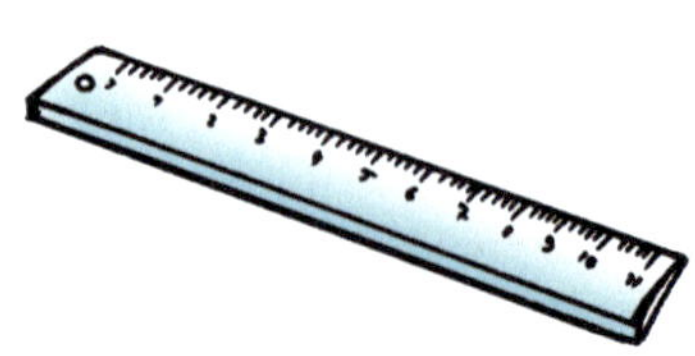

Ihr könnt natürlich auch in der Karte eine Strecke mit dem Lineal messen, dann das Lineal an die Maßstabsleiste halten und die tatsächliche Länge direkt an der Maßstabsleiste ablesen.

So bestimmen wir die Entfernung mit der Maßstabsleiste

1. Schritt: Wir ...
- wählen zwei Punkte auf der Karte.

2. Schritt: Wir ...
- messen die Entfernung mit einem Lineal.

3. Schritt: Wir ...
- legen das Lineal an die Maßstabsleiste an und lesen ab, welche Entfernung auf der Maßstabsleiste unserer gemessenen Entfernung entspricht.

So bestimmen wir die Entfernung mit dem Maßstab:

1. Schritt: Wir ...
- messen mit einem Lineal die Entfernung zwischen den Punkten A und B.

2. Schritt: Wir ...
- sehen nach, welcher Kartenmaßstab angegeben ist.

3. Schritt: Wir ...
- rechnen die Entfernung aus. Beispiel:
  Entfernung zwischen A und B 4 cm,
  Maßstab 1 : 750 000 (1 cm = 7,5 km).
  Die Entfernung beträgt 4 mal 750 000 cm =
  3 000 000 cm (nun 5 Nullen abstreichen) = 30 km

▲ Karte von Deutschland

1 **Messt mit dem Lineal die Entfernung von Hamburg nach München.** ________ **cm**

2 **Stellt in der Legende fest, wie viele Kilometer in Wirklichkeit 1 cm auf der Karte entsprechen.**

1 cm auf der Karte entspricht

________ **km in der Wirklichkeit.**

3 **Berechnet die Entfernung zwischen Hamburg und München.**

________ **cm auf der Karte mal**

________ **km in Wirklichkeit**

= ________ **km**

zwischen Hamburg und München.

Höhendarstellungen im Atlas erkennen und richtig einordnen

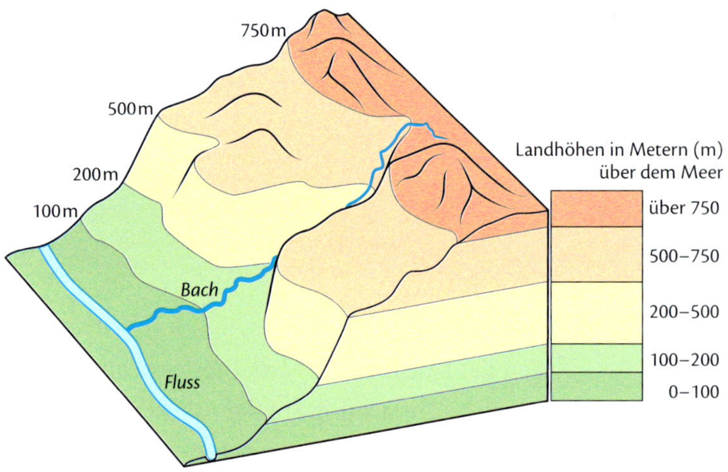

▲ Farbstufen und Höhenlinien

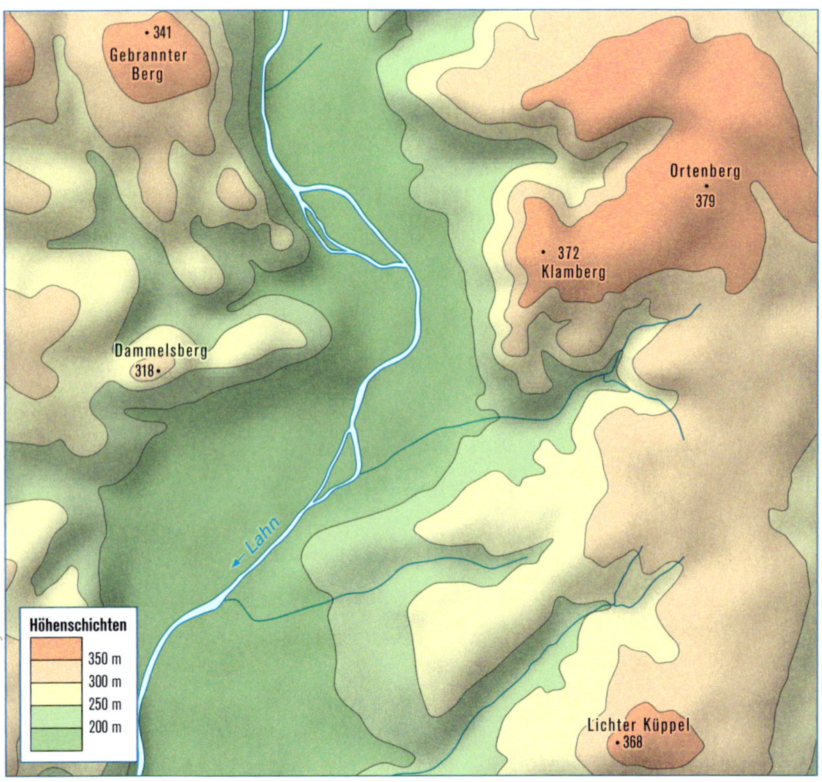

▲ Höhenschichten

Die Kartenzeichner wählen verschiedene **Farben** für die Höhen aus. So lassen sich Ebenen, Berge und Täler gut darstellen. Die vorherrschenden Farben sind Grün bis Braun oder bei Wasserflächen Blau. Je höher oder tiefer ein Gebiet liegt, desto dunkler ist der Farbton.

Die Kartenzeichner stellen die Höhenverhältnisse, das heißt die Berge und Täler, in **Höhenlinien** oder Höhenstufen dar. Wenn sie alle Punkte, die auf einer Höhe liegen, miteinander verbinden, entstehen Höhenlinien. Weit auseinander liegende Höhenlinien weisen auf ein flaches Gelände hin. Umgekehrt bedeutet es, dass dicht beieinander liegende Höhenlinien für ein steiles Gelände stehen.

Zwischen zwei Höhenlinien liegt jeweils eine **Höhenschicht** und kennzeichnet die Höhenlage. Das sieht man besonders gut am Blockbild links oben.

Oft ist in Karten auch die Höhenlage eines Berggipfels eingetragen. Die Kartenzeichner markieren ihn mit einem Punkt und schreiben die **Höhenzahl** und manchmal auch den Namen dazu. Auf einer Karte der Alpen steht zum Beispiel Zugspitze 2962 •. Die Zahl bedeutet, dass die Zugspitze 2962 Meter über dem Meeresspiegel liegt.

Tiefland
Höhen unter 0 bis 200 m

Mittelgebirge
Höhe 200 bis 1500 m

Hochgebirge
Höhe über 1500 m

▲ Oberflächenformen

1 **Malt die Höhenschichten in dem Querschnitt farbig aus.**

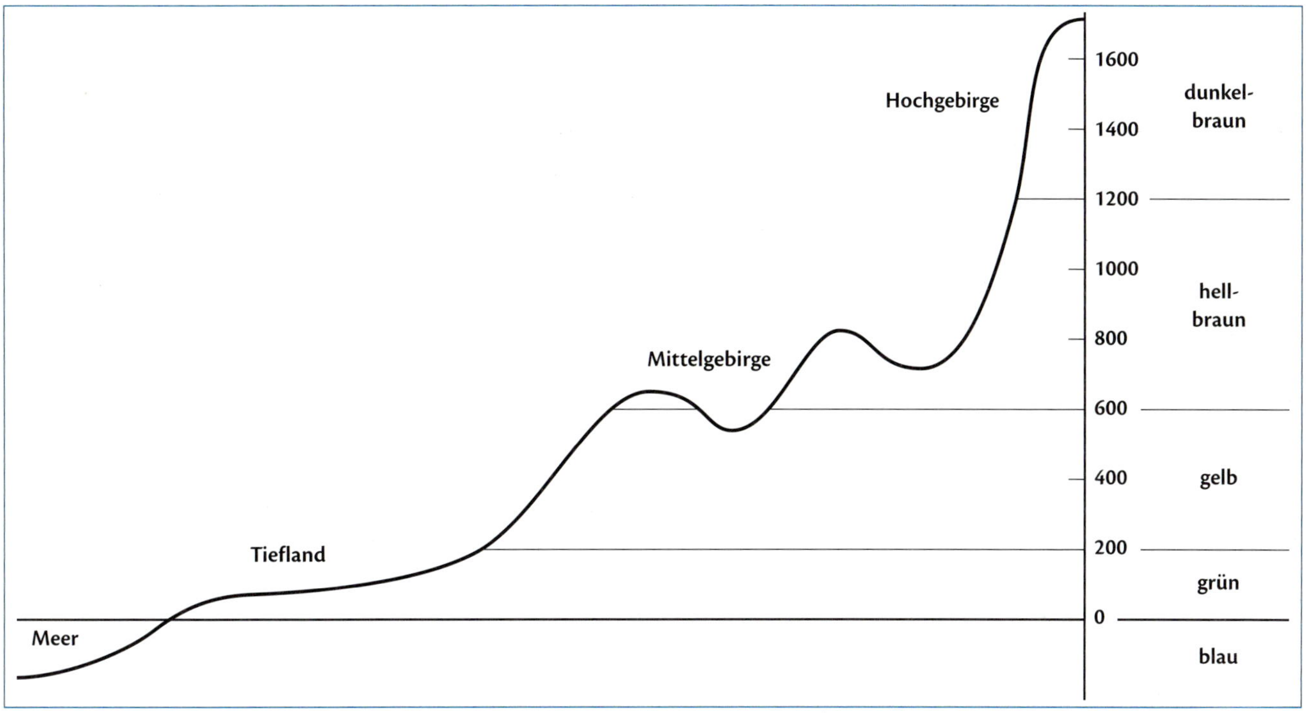

2 **Fügt eine Legende ein.**

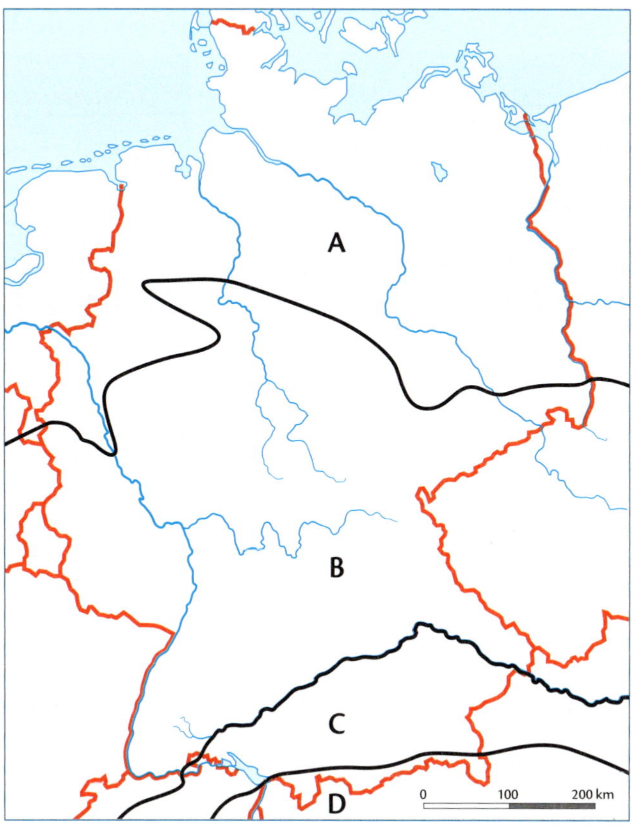

3 **Malt die Großlandschaften farbig aus.**

Großlandschaften in Deutschland ▶

A = Norddeutsches Tiefland
B = Mittelgebirgsland
C = Alpenvorland
D = Alpen

Flächenfarben und Signaturen als Teil der Legende richtig deuten

In der Wirklichkeit

Erklärung / Bedeutung

Signatur

In der Wirklichkeit

Erklärung / Bedeutung

Signatur

1 **Schreibt die Erklärung zu den Bildern in die Kästchen. Tragt die Signaturen ein. Ihr könnt auch eigene Signaturen entwerfen und eintragen.**

Oberflächenformen

• 658

20

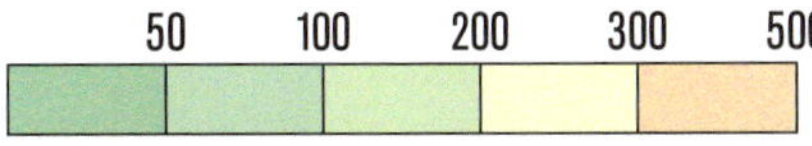

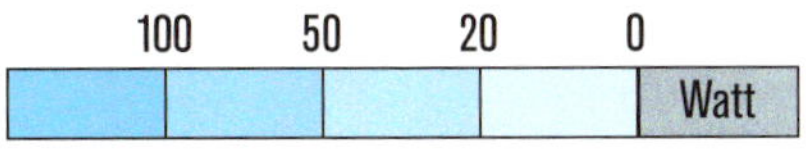

Gewässer

Städte: Einwohner

Verkehrswege

Eisenbahnstrecken

Straßen

Wasserstraßen und Flugverkehr

Sehenswürdigkeiten

Grenzen

2 Schlagt im Atlas die Karte „Deutschland – nördlicher Teil: Physische Karte" auf. Seht euch die Legende an. Tragt die Erklärung für die Signaturen in die Tabelle ein.

Eine physische Karte lesen und auswerten

So lesen wir eine physische Karte:

1. Schritt: Thema. Wir ...

- informieren uns über das Thema der Karte.
- Wir lesen den Kartentitel und suchen die Legende.

2. Schritt: Legende / Maßstab. Wir ...

- ordnen die Karte in einen größeren Zusammenhang ein.
- lesen die Legende. Dabei informieren wir uns über die Zeichen, Linien und Farben.
- ermitteln den Maßstab der Karte.

3. Schritt: Karteninhalt. Wir ...

- beschreiben die Oberflächengestalt nach Höhenlage (Tiefland, Mittelgebirgsland, Hochgebirge).
- benennen einige Berge und geben die Höhenzahl an.
- geben das Gewässernetz an (Meer, Seen, Flüsse, Kanäle) und die Fließrichtung der Flüsse.
- nennen die Größe und Lage der größten Orte.
- beschreiben die Verkehrswege und wie die größeren Orte miteinander verbunden sind.

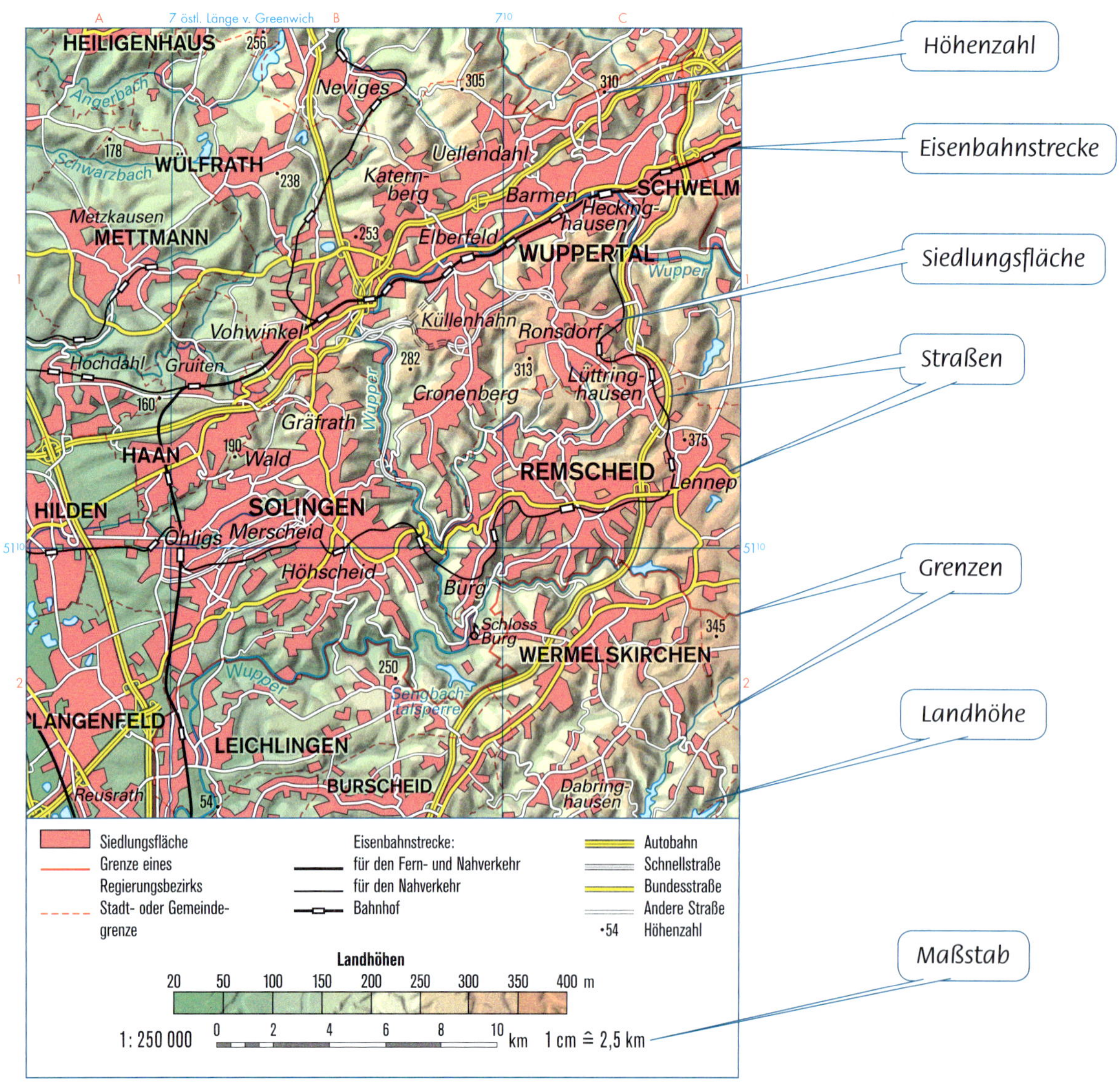

▲ Physische Karte 1:250 000

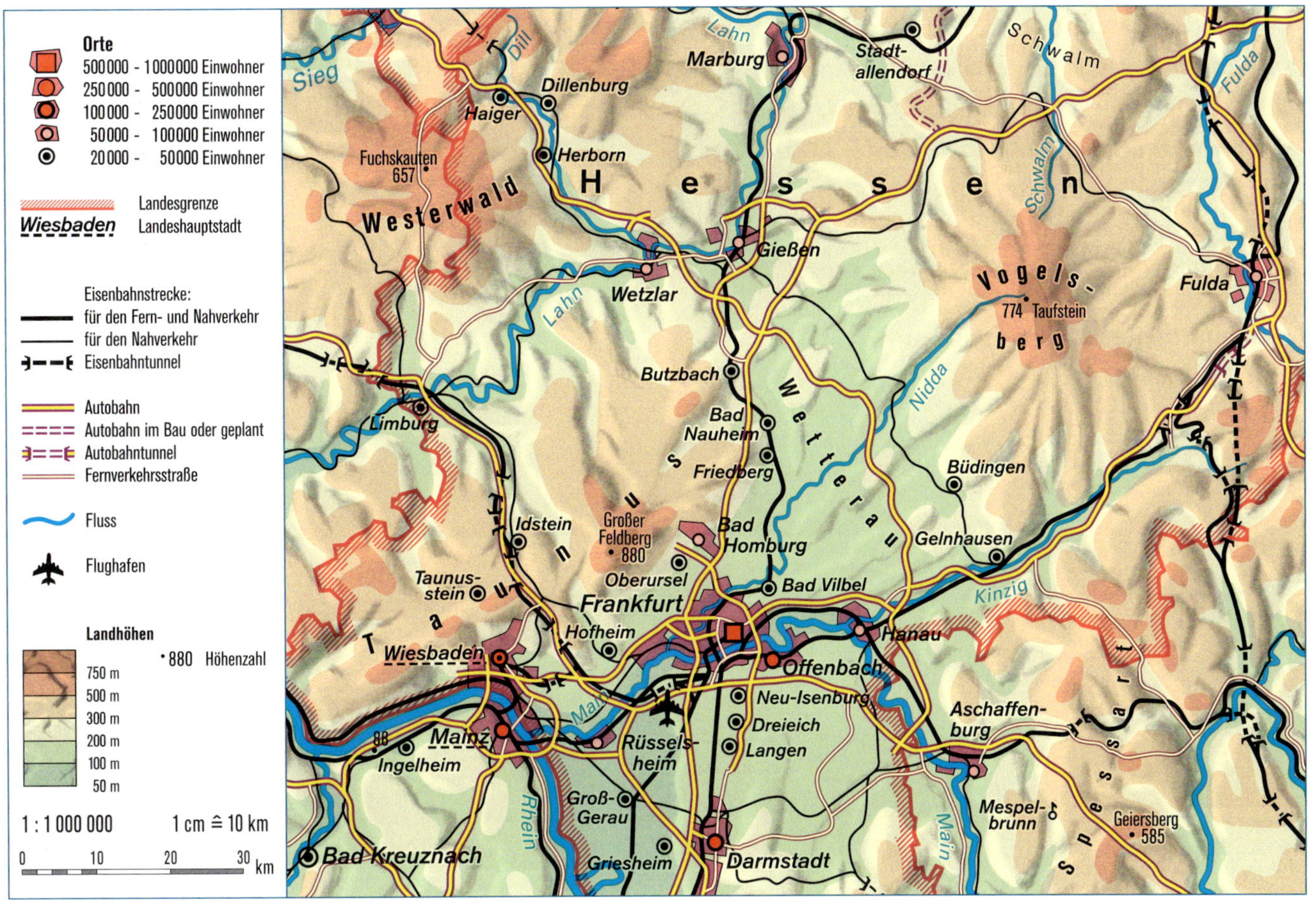

▲ Physische Karte Hessen (Ausschnitt)

1. Thema *Die Karte zeigt einen Teil von Hessen.*

Die Legende befindet sich am linken Kartenrand.

2. Legende und Maßstab

3. Karteninhalt

1 Vervollständigt die Kartenbeschreibung.

Eine thematische Karte lesen – Landwirtschaft

Flächenfarben und Kartenzeichen

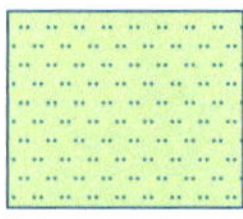	
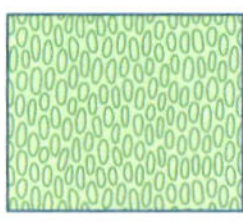	
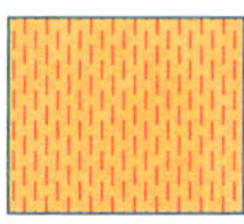	
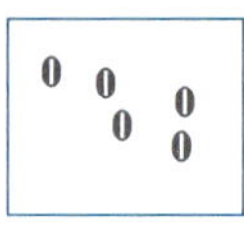	
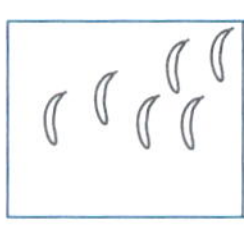	

Signatur

Signatur

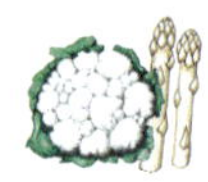

Signatur

Signatur

Signatur

Signatur

unser Bundesland		

So lesen wir die thematische Karte „Landwirtschaft“:

1. Schritt: Thema/Raum. Wir ...
- informieren uns über das Thema und den abgebildeten Raum und lesen den Kartentitel oder die Bezeichnung der Abbildung.

2. Schritt: Lage, Größe, Maßstab. Wir ...
- bestimmen die Lage und die Größe des Raumes und beachten dabei den Maßstab.

3. Schritt: Legende. Wir ...
- stellen mithilfe der Legende fest, was die Farben, Zeichen und Linien in der Karte bedeuten.

4. Schritt: Karteninhalt. Wir ...
- beschreiben den Karteninhalt, indem wir
  - feststellen, welche Farben und Zeichen häufig auftreten und welche Bedeutung sie haben,
  - ermitteln, wie bestimmte Farben und Zeichen im Raum verteilt sind,
  - einen Zusammenhang zwischen dem Auftreten bestimmter Farben und Zeichen in der Karte herstellen.

1 Schlagt im Atlas die Seite mit der Generallegende auf. Schreibt die Erläuterungen für die Kartenzeichen in die Tabelle. Fügt für das Bundesland, in dem ihr wohnt, die sechs wichtigsten Kartenzeichen zur Landwirtschaft in die Tabelle ein.

2 Ergänzt die Bilder mit einem Zeichen / einer Flächenfarbe und tragt die Bezeichnung ein.

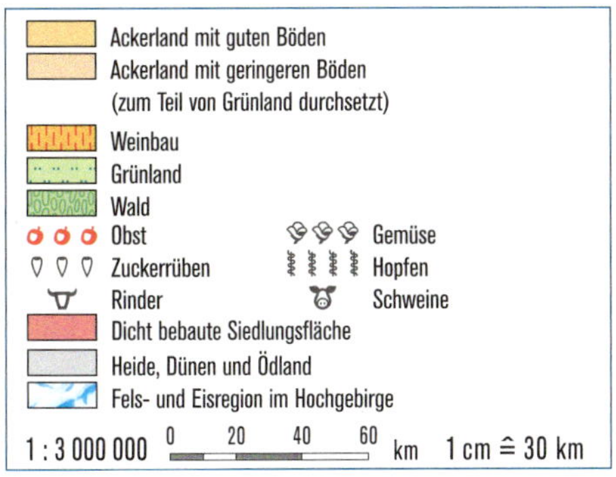

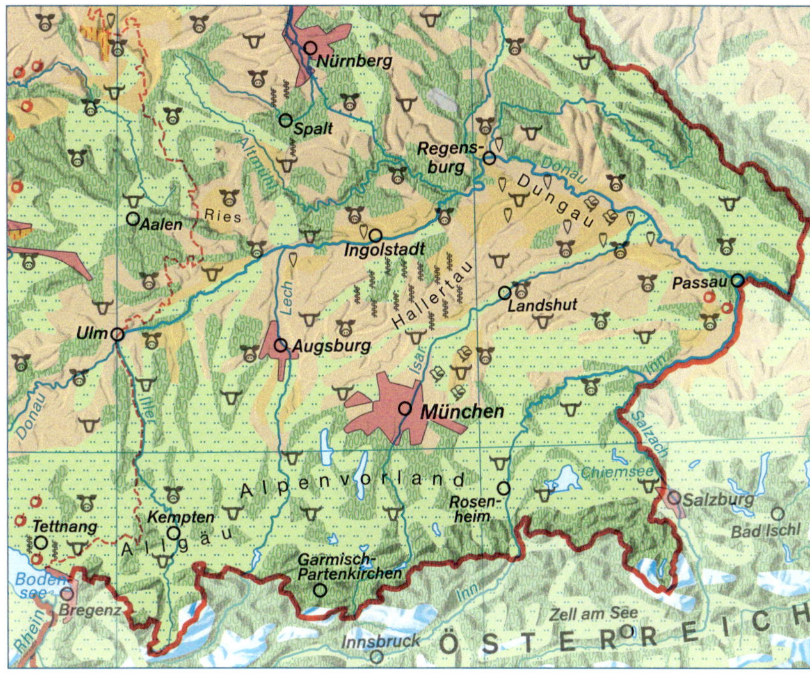

Deutschland: Landwirtschaft (Ausschnitt) ▶

1. Schritt: **Thema/Raum**

Der Kartentitel ist Deutschland: Landwirtschaft.

2. Schritt: **Lage, Größe, Maßstab**

3. Schritt: **Legende**

4. Schritt: **Karteninhalt**

3 Vervollständigt die Tabelle.

4 Schlagt im Atlas die Karte „Deutschland: Landwirtschaft“ auf. Vergleicht das Bundesland, in dem ihr lebt, mit einer Region eurer Wahl. Legt dazu eine Tabelle an.

Eine thematische Karte lesen – Wirtschaftskarte

Kartenzeichen

								×
	Flugzeugbau							

1 **Findet die Generallegende für Wirtschaftssignaturen im Atlas. Tragt neben den Kartenzeichen die entsprechenden Industriezweige ein.**

2 **Kreuzt für das Bundesland, in dem ihr lebt, die wichtigen Industriezweige an. Erweitert die Tabelle nach Bedarf.**

So lesen wir eine Wirtschaftskarte:

1. Schritt: **Kartentitel. Wir ...**
- informieren uns über das Thema der Karte und den abgebildeten Raum. Dazu lesen wir den Kartentitel oder die Bezeichnung der Abbildung.

2. Schritt: **Lage, Größe, Maßstab. Wir ...**
- bestimmen die Lage und die Größe des Raumes und beachten dabei den Maßstab.

3. Schritt: **Legende. Wir ...**
- sehen uns die Legende an und stellen fest, was mit einer Flächenfarbe gekennzeichnet ist und welche Kartenzeichen und Linien vorkommen.

4. Schritt: **Karteninhalt. Wir ...**
- beschreiben die Verteilung der Industriegebiete, indem wir die Standorte der Industrie und des Bergbaus benennen,
- nennen Industriezweige in den Industriegebieten,
- geben Gründe an, warum sich in bestimmten Regionen die Industriezweige häufen.

- Eisenverhüttung/Stahlherstellung
- Maschinenindustrie
- Kraftfahrzeugindustrie
- Metall verarbeitetende Industrie
- Schiffbau
- Elektroindustrie
- Feinmechanische Industrie
- Optische Industrie
- Textilindustrie
- Bekleidungsindustrie
- Schuhindustrie
- Chemische Industrie
- Gummindustrie
- Erdölraffinerie
- Porzellanindustrie
- Nahrungsmittelindustrie
- Wärmekraftwerk
- Kernkraftwerk
- Steinkohle
- Braunkohle
- Ballungsgebiet
- Staatsgrenze
- Landesgrenze

0 100 200 km

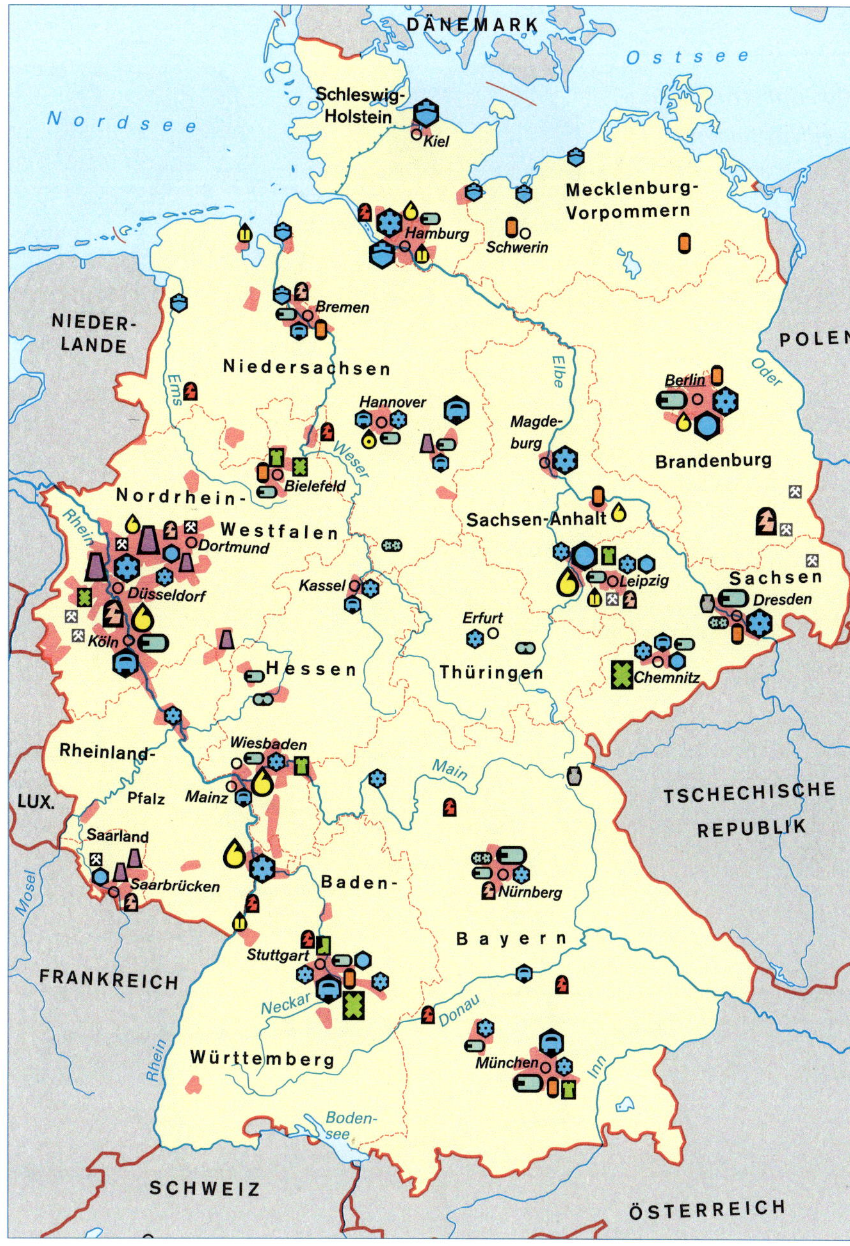

Industriegebiete in Deutschland ▶

3 Wertet die Karte aus.

1.

2.

3.

4.

Eine Karte, ein Thema oder einen Ort im Atlas finden

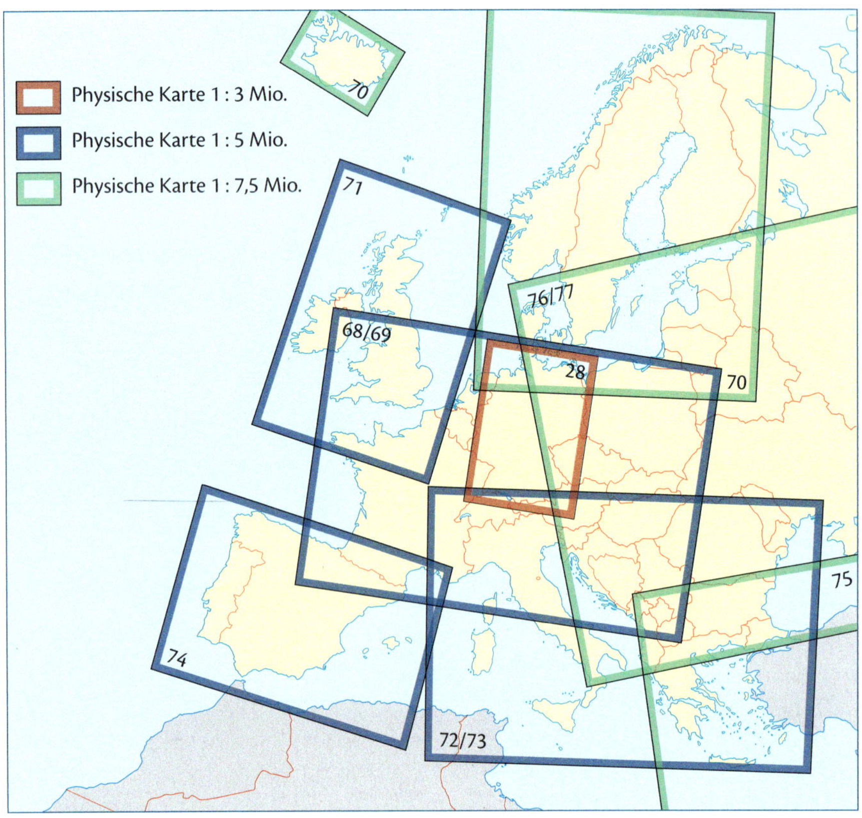

▲ Beispiel für einen Kartenweiser

So finden wir eine geeignete Atlaskarte. Wir ...

- orientieren uns im Kartenweiser und/oder im Inhaltsverzeichnis über das Angebot an Karten,
- wählen eine geeignete Atlaskarte aus, eine physische Karte, eine Wirtschaftskarte oder eine andere thematische Karte,
- orientieren uns dabei an den Seitenzahlen, die zu den Rechtecken gehören,
- prüfen anhand des Kartenthemas, des Kartenausschnitts, des Maßstabes und der Legende, ob die Karte wirklich geeignet ist.

1 **Sucht im Kartenweiser geeignete Karten zu Italien.**

So finden wir im Atlas die richtige Karte zu einem Thema. Wir ...

- schlagen das Inhaltsverzeichnis im Atlas auf,
- suchen im Inhaltsverzeichnis nach dem Thema und stellen fest, ob es dazu Atlaskarten gibt,
- ermitteln die Seitenzahl und die im Kreis dahinter eingetragene Kartennummerierung,
- schlagen die angegebene Atlasseite auf,
- suchen die richtige Karte mit der Ziffer im Kreis aus.

Klima ________ Tourismus ________ Bevölkerung ________

2 **Findet im Inhaltsverzeichis die Atlasseiten zu den Themen und tragt die Seitenzahl in die Tabelle ein.**